# El Abuso de la Novia

*Lo que todos ven, pero nadie habla*

**Pastor Glenn J. Wilson**

PRESS

Propiedad intelectual protegido por
Pastor Glenn J. Wilson

*El Abuso de la Novia*
*Lo que todos ven, pero nadie habla*
por Pastor Glenn J. Wilson

Impreso en los Estados Unidos

ISBN 9781626978270

### Créditos
**Traducción:** Amanda de Leon
**Fotografía:** Jonathan Berrios Photography
**Quick Read Production logo:** Rick Roman

# Dedicatoria

A mi amada madre, por ser un modelo de una vida santa, y por enseñarme el valor de la oración. Mami, no tienes precio, tu estima sobrepasa largamente a la de las piedras preciosas.

# Contenido

# Prologo

Hay momentos en nuestras vidas cuando de repente brota de nosotros algo que siempre estuvo allí para bendecir a otros. Eso es exactamente lo que representa esta obra literaria llamada "El Abuso de la Novia" El pastor, amigo y mentor Glenn J. Wilson decide sacar a luz ciertos abusos que prevalecen hoy en la Iglesia de Cristo, reta nuestras motivaciones y nos obliga a examinar los métodos que empleamos en la edificación de la Iglesia.

Quien por años nos ha bendecido con sus enseñanzas, mentoría y sobre todo su amistad, ahora nos deja un legado que bendecirá a futuras generaciones. "El Abuso de la Novia" más que un libro, es una voz de alerta para todos aquellos ministros que estamos edificando el cuerpo de Cristo.

Gracias Pastor Glenn por sacar de los tesoros de tu corazón y proveernos esta joya que nos ayudara a crecer en nuestro ministerio y servicio a la Iglesia de Cristo.

Quien lea este libro compartirá el mismo sentir.

Pastores Wilson y Nellie Cruz.
Iglesia Fuente de Poder
Bayamón, Puerto Rico

# Introducción

A través de los años yo he escuchado, y en muchos casos he observado, cosas que en el momento parecían ser bíblicas y espiritualmente motivadas. Pero después de estudiar estas cosas cuidadosamente, he encontrado que son motivadas por el amor al dinero y el mal uso de un oficio o un don, y llegan a ser abusos de la Iglesia y de la novia de nuestro Señor Jesucristo.

Mientras que muchos son culpables de este abuso, otros son culpables de quedarse callados cuando están completamente conscientes de estos abusos y a veces auspiciando a los abusadores en sus congregaciones y aun no abren la boca para defender la novia que debemos pastorear y proteger. Un jurado en un tribunal no tendría otra opción más que condenar a ambos, el uno por cometer el abuso y el otro por ser testigo y quizás beneficiarse del abuso sin decir una sola palabra.

Esta es mi convicción y motivación por escribir este libro. Durante cuarenta años en el ministerio, he visto lo suficiente. Yo fui tan afortunado de haber visto el verdadero movimiento del Espíritu Santo cuando era apenas un joven. Yo fui criado en una iglesia donde enseñaban la palabra de Dios, aunque fuera pequeña en comparación con las iglesias de hoy. Allí yo aprendí suficiente de la verdad para poder identificar lo falso por el resto de mi vida.

Dicen que los que se entrenan para trabajar en los bancos tienen que aprender a identificar los billetes falsos. Ellos hacen esto familiarizándose con los billetes verdaderos, porque una vez conociendo los billetes verdaderos, es muy fácil identificar a los que no lo son. Haber crecido alrededor de la verdad me ha dado una capacidad tremenda de conocer la diferencia entre lo que edifica la Iglesia, y lo que abusa a la novia.

Mi primera oportunidad para ministerio en público resultó de la gran intolerancia de mi pastor para los que intentaban usar trucos engañosos para robar o engañar a la congregación. Aconteció durante una cruzada de siete días de un predicador conocido. Nadie cuestionaba su unción, pero sus tácticas lo metieron en problemas.

La primera noche, casi para el final de su mensaje, él se desvió y decidió levantar su propia ofrenda junto con la que ya habían colectado. Mi pastor le pidió amablemente que no lo hiciera, porque no había necesidad. Aunque la iglesia era pequeña, sabían cuidar de sus invitados financieramente. Era la verdad en aquel entonces y sigue siendo la verdad hasta la fecha.

La segunda noche de la cruzada, como si no le hubieran dicho nada la primera noche, el evangelista predicó un mensaje maravilloso y otra vez decidió levantar su propia ofrenda. Mi pastor, visiblemente perturbado por sus acciones, se acercó con él y le recordó que esta práctica no se permitía en esta iglesia y agregó, "Si lo vuelve a hacer, voy a pedirle que se vaya".

Esta cruzada me enseñó una grande e inolvidable lección. Yo aprendí que hay algunos en el ministerio cuyo deseo por el dinero es tan grande que los ciega y les roba de su habilidad de edificar a la Iglesia. Motivados por sus necesidades, ellos acuden a abusarla y la usan para satisfacer su codicia insaciable.

Aunque suene increíble, la tercera noche de la cruzada, el evangelista decidió otra vez levantar una ofrenda para sí mismo. No me falta decir que mi pastor se entremetió y anunció públicamente que esta sería la última noche que este evangelista ministraría en nuestra cruzada. Se volteó a verme y, sin haberme avisado y sin ninguna vacilación, dijo enfáticamente, "El hermano Glenn continuará la cruzada comenzando mañana en la noche". Esa noche, el encargado del mantenimiento se volvió un evangelista.

En este libro, señalaré una variedad de abusos que actualmente están ocurriendo bajo el disfraz del ministerio. Algunos creen que el llamamiento honorable de preparar, proteger y edificar la novia de nuestro Señor Jesucristo les da permiso de usar y abusarla para proveer los medios para ministerios auto-promovedores, su estilo de vida en exceso, y la codicia del poder.

En una conversación reciente con un amigo que resulta ser un policía en un pueblo tranquilo y pudiente, me sorprendí al aprender que la mayoría de las llamadas a su estación se deben a la violencia doméstica. Nadie sospecharía que, al fin de las entradas sombreadas por maples que abren el camino hacia mansiones tan impresionantes, alguien podría ser la víctima del abuso doméstico infligido por alguien que debería amarlo.

Bueno, usted estaría igualmente sorprendido al saber que el abuso espiritual está desenfrenado en la Iglesia hoy en día. Supongo que le podría llamar abuso conyugal, porque la víctima de estos crímenes es el pueblo de Dios, quien Él llama Su novia. La única diferencia es que el abuso no es infligido por el esposo, sino por individuos que solían ser llamados para equiparla y adornarla en preparación para la aparición del novio.

Es triste que haya algunos que sinceramente aman a Dios, pero tienen poca habilidad de identificar el abuso espiritual. En su deseo puro de obedecer a Dios, muchas veces se quedan presos a líderes abusivos que, con palabras persuasivas de sabiduría humana (1 Corintios 2:4; Colosenses 2:4) y con sabor profético, les causan tener esperanza de un futuro que nunca llega, engañando su fe en el presente y robándoles las finanzas que tanto necesitan hoy en día.

Me han dicho que algunas mujeres que han experimentado el abuso físico no gritaron hasta que tenían los ojos morados. A las palabras ofensivas, el rechazo y la humillación no los consideraban abuso.

Solamente se dieron cuenta que fueron abusadas cuando les pegaron en la cara.

Si usted está en una iglesia legalista donde su salvación se basa en obras, está siendo abusado. Si su organización exige dinero sin relación, está siendo abusado. Si usted da basado en la manipulación, la compulsión, o el temor, está siendo abusado. Si a usted le fue dicho que tiene que pagar para poder recibir un milagro de Dios, fue abusado. Si usted asistió a una conferencia y regresó con información sin un proceso, fue abusado. No espere hasta que tenga el ojo morado; grite ahora.

Es muy improbable que veamos a otro Jim Jones es nuestras vidas, pero entienda que los que le siguieron a Guayana no eran tontos. Eran personas como usted y yo que simplemente no identificaron el abuso, el control y la manipulación que los guiaron al día en que tomaron el Kool-Aid.

Los líderes carismáticos tienen gran potencial de volverse abusadores y muchas veces se escapan con comportamiento abusivo porque algunas personas no pueden diferenciar entre la unción y la manipulación. Entonces los sencillos obedecen sus mandatos sumisamente y sin cuestionar, llevando a los simple a su destrucción a cosechar el fruto de falsas expectativas.

En cierta ciudad aquí en el noreste del país, una gran cantidad de personas en cierta congregación sufrieron grandes pérdidas cuando le hicieron caso a un profeta falso que los instruyó a dar más de lo que tenían a cambio de una mayor bendición financiera. Como resultado, algunos han perdido las casas, a otros les han desposeído los autos, y aun peor, algunos han perdido la fe en el Dios que no tuvo nada que ver con esto.

En enero de 1999, yo fui ansiosamente para ver y escuchar por primera vez a un predicador nacionalmente conocido. El hombre tiene una unción en su vida, sin duda, pero esa noche sus tácticas le metieron a él y a la iglesia local en problemas. Casi al fin de su gran mensaje, él pausó y dijo que el Señor le había dicho que retara a todos que dieran una semilla de veinticuatro horas en la cantidad de $1.999.

Bueno, si es una semilla de veinticuatro horas, entonces a la hora que él llegue al banco yo debería tener mi cosecha, entonces debería tener los fondos para poder pagar el cheque. No hace falta mencionar las pérdidas que la iglesia local sostuvo cuando los cheques rebotaron, quedaron en grandes problemas financieros porque este truco abusivo salió mal y causó gran daño.

Dios nunca pondrá la carga de Su obra sobre los hombros de Su pueblo. Dios siempre provee por lo que Él diseña. Grandes hombres de Dios caen bajo gran presión financiera cuando se enredan en cosas que Dios no ha ordenado. Cuando esto pasa, ellos tienen que quitarse la presión de encima y ponerla sobre el pueblo, y esto se vuelve la raíz de muchos abusos que vemos hoy en día.

El Señor le encargó a Moisés la construcción del tabernáculo. **"Y habló Moisés a toda la congregación de los hijos de Israel, diciendo: Esto es lo que Jehová ha mandado: Tomad de entre vosotros ofrenda**

para Jehová; todo generoso de corazón la traerá a
Jehová; oro, plata, bronce" (Éxodo 35:4-5).

Vale mencionar que Moisés estaba construyendo
por revelación. Él estaba totalmente convencido
que Dios había puesto este diseño divino en su
corazón, no una presión. En el corazón de Moisés,
este proyecto ya se había hecho. Él lo vio, estaba
completamente persuadido que Dios lo había
diseñado y lo había ordenado, ahora solamente
tenía que llamar a la gente que Dios ya había tocado
para que hicieran lo que Él ya hizo.

Moisés no utilizó el abuso. Ningún truco, ninguna
manipulación, nada de presión ni necesidad de traer
un manipulador profesional quien vende su alma y
profetiza falsamente al pueblo para recaudar fondos.
Distinto a otros que están egoístamente motivados
por una promesa de llevarse diez por ciento de lo
que se recauda – y antes de venir uno tiene que
mandarles un depósito de la ganancia – esta es una
historia real.

No, Moisés simplemente habló a la congregación.
**"Y salió toda la congregación de los hijos de Israel
de delante de Moisés. Y vino todo varón a quien su
corazón estimuló, y todo aquel a quien su espíritu
le dio voluntad, con ofrenda a Jehová para la obra
del tabernáculo de reunión y para toda su obra, y
para las sagradas vestiduras" (Éxodo 35:20-21).**

Cuando los líderes se involucran en proyectos
que Dios no ordenó y dependen del apoyo financiero
del pueblo de Dios, el abuso es inevitable. Hace unos
años, me pidieron participar en un maratón para
recaudar fondos para una estación de televisión

que, como la mayoría, tenía que juntar dinero muy a menudo para poder mantener las puertas abiertas y los programas transmitiendo.

Mientras yo estaba allí, yo vi de primera mano que tan fácil es recurrir al comportamiento abusivo y manipulativo cuando intentamos construir la obra de Dios bajo presión. Una mujer llamó a la estación pidiendo oración por una enfermedad muy grave. Su llamada fue recibida por un ministro que estaba allí específicamente por su habilidad de recaudar fondos. Su respuesta a ella fue, "El dinero que prometes no es suficiente para cederte este milagro".

Él rehusó orar por ella hasta que prometió mandar la cantidad que él pidió. Esta fue mi primera y última experiencia con este tipo de evento. Primero porque estaba avergonzado de ser visto como parte de la idea que los milagros ocurren en proporción a lo que pagas, y segundo porque mi pastor siempre me había dicho que yo tenía cara para el radio. Eventualmente, la estación se cerró. Expandiré en estas medidas manipulativas en otro capítulo.

Alguien dijo que el valor estimado del tabernáculo medido en el dinero de hoy sería unos siete billones de dólares. Con una simple petición a aquellos cuyo corazón el Espíritu Santo había estimulado, Moisés juntó todo lo que se necesitaba para terminar la obra del tabernáculo. Juntaron tanto que un mandamiento fue dado al pueblo: **"Entonces Moisés mandó pregonar por el campamento, diciendo: Ningún hombre ni mujer haga más para la ofrenda del santuario. Así se le impidió al pueblo ofrecer**

**más; pues tenían material abundante para hacer toda la obra, y sobraba"** (Éxodo 36:6-7).

Le invito a que me acompañe en esta jornada, exploremos estas infracciones que (en mi opinión) hacen mucho daño a la Iglesia, la novia de nuestro Señor y Salvador Jesucristo. Al final de este camino podremos estar de acuerdo o no, pero quizás descubriremos mejores maneras de servir a Su novia y honrar este gran llamamiento y vocación al cual fuimos llamados.

# El Caso de Tamar

## Génesis 38:1-10

La historia que cuenta de, quizás, el caso más fuerte de abuso del Antiguo Testamento está casi perdido entre los capítulos que relatan la historia de José. Tamar fue casada al primogénito de Judá, llamado Er. La historia cuenta que Er era un hombre malo, entonces el Señor lo mató.

Se permitía en aquel tiempo que el hermano de un difunto se casara con la viuda para dar un heredero para su hermano, y así pasaba el linaje a otra generación. Según el consejo de Judá, su segundo hijo Onán se casó con Tamar para el único propósito de quitarle el dolor de no dar a luz un hijo y para levantar un heredero para su hermano.

Onán es culpable de auto-gratificación sin la intención de construir y edificar, y aquí está el abuso. Cuando Onán se dio cuenta que el heredero no sería suyo, decidió usar la oportunidad para satisfacer su deseo sexual e ignoró completamente su responsabilidad de llenar el vacío en la vida de esta joven viuda y dar un heredero a su hermano.

Las relaciones de Onán con Tamar duraron suficiente tiempo para traerle al punto de la auto-gratificación, pero cuando llegó el momento de transmitirle la vida, él la privó del esperma que hubiera cambiado su vida para siempre. La Biblia dice, **"vertía en tierra, por no dar descendencia a su hermano" (Génesis 38:9).**

No piense ni por un momento que este es un incidente único que pasó con la abolición del antiguo pacto. Los Onán están vivos y muy activos en la Iglesia de hoy. Los Onán son ministros que utilizan su puesto como una licencia para acercarse a la novia y usarla solamente para satisfacerse a sí mismo.

Los Onán son los apóstoles falsos de nuestro día que le han dado un ojo morado al verdadero ministerio apostólico porque buscan adoptar hijos espirituales que son atados a ellos por una obligación financiera, en vez de dar a luz hijos legítimos que pueden ser criados, desarrollados, equipados y soltados para hacer la obra del ministerio.

Los Onán son ministros que fingen ministrar a la novia pero realmente no es su intención satisfacerla por medio de relaciones de largo plazo porque son motivados por **"los deseos de la carne, los deseos de los ojos y la vanagloria de la vida" (1 Juan 2:16).** Más bien, la usan para obtener una vida lujosa pero la privan de la esperma que podría llevarla a un nuevo nivel.

Pastores: cuando planean un evento para construir y edificar sus rebaños, ya sea un concierto, una conferencia o un desayuno de hombres, si el ministro invitado se preocupa más de su pago en vez de bendecir y edificar a la gente, mándenlo para atrás y evítele a su gente el dolor del placer sin compromiso.

Por otro lado, pastor, cuando un ministro bueno, sólido y sano viene a su congregación y derrama su vida para bendecir la gente, no falte en tu obligación de bendecir aquel hombre o aquella mujer. De otro modo, usted se vuelve el abusador que priva al embajador del pago que merece. **"Porque el obrero es digno de su salario" (San Lucas 10:7).**

La relación y el compromiso faltaron entre Onán y Tamar. La relación es un componente clave del Reino. Si nuestra tarea es construir el Reino, entonces debemos atarnos en relaciones de pacto que no se quiebran cuando llegan los conflictos y diferencias, pero se fortalecen más por el propósito de edificar la novia.

En medio de la reformación apostólica, cuando los corazones de los padres se están volviendo hacia los hijos y los corazones de los hijos se están volviendo hacia los padres, nuestra falta de relaciones verdaderas y el compromiso del uno con el otro han causado una inversión de este mandato profético. Los padres se alejan de sus hijos, y los hijos se alejan de sus padres, tramitando el dolor de Tamar y la indiferencia de Onán a la próxima generación.

El espíritu de Onán se manifiesta hoy en líderes que abusan de su autoridad para usar y abusar las habilidades de sus hijos espirituales sin la intención de soltarlos a su propio destino en su debido tiempo. Los verdaderos padres piensan en el futuro de sus hijos y se esfuerzan mucho para asegurar su éxito, y están muy orgullosos cuando ven que sobresalen más allá de las fronteras su autoridad.

Por otro lado, Tamar es una persona que quiere ser productiva. Ella no quiere la vergüenza de la infertilidad, entonces su deseo le hace vulnerable al abuso. Su primera relación no funcionó, entonces entra en otra relación queriendo restaurar la esperanza. En vez de esto, ella entra en una relación egoísta que le falta compromiso. Medidas desesperadas y mal-aconsejadas pueden llevarnos de una mala situación a una peor.

En Onán, ella vio el fin de su vergüenza y una esperanza renovada. Él era su boleto hacia una vida productiva. Sin reserva y en confianza ciega, se entregó a Onán, buscando llenar el vacío provocado por la ausencia de su esposo. A cambio, ella fue usada por el placer sin un futuro. Onán convirtió su mejor momento en un encuentro casual que la dejó sintiéndose vacía y despreciable.

Tamar podía ser significante y productiva si a alguien le importaba lo suficiente de darle la esperma para activar lo que tenía adentro. Si solamente pudiera alejarse de este ambiente egoísta donde el ministro está buscando su propio bien en vez de intentar de sacar al pueblo de su estado bajo de existencia hacia el resplandor de la productividad.

Si el propósito de nuestros ministerios no es para levantar y restaurar cada persona que se sienta en nuestras bancas, sin importar su estado o condición actual, entonces somos como Onán. Él tenía la simiente para conectar a Tamar al linaje del Mesías, pero la tiró egoísticamente al suelo, cambiando su necesidad de afirmación por un momento de auto-gratificación.

¿Para qué una persona debe unirse a su congregación si usted no tiene un plan para ella? ¿Para qué nos involucramos en una relación que debería equiparnos para la obra del ministerio si usted no tiene visión ni propósito para nuestras vidas? Por favor, libéreme del dolor de la esperanza frustrada y suélteme de la vergüenza de ser un espectador y un consumidor por el resto de mi vida.

¿No es eso lo que casi le pasó a David? Isaí, su padre, no tenía plan ni visión para él. Samuel vino a Belén para ungir un rey de entre sus hijos, e Isaí no llamo a David de inmediato. En la mente de Isaí, David no fue hecho para ser rey. David casi se volvió la simiente olvidada de Isaí, pero Dios tenía otro plan.

Isaí camina en el espíritu de Onán porque desprecia su propia simiente en su forma de tratar a David. En la mente de Isaí, David consta para cuidar de las ovejas, el cual es trabajo de un siervo, pero él no ve (ni busca descubrir) el potencial escondido en la vida de David. Él está separado y tratado diferente que sus siete hermanos porque Isaí nunca vio un propósito en David. David era el error de Isaí, mejor mantenido fuera de vista, hasta que el profeta vino, levantó el velo del rechazo y lo ungió para sentarse en el trono eterno.

Entonces, para cada Tamar herida y cada David olvidado, Dios está levantando una casa apostólica y profética. Allí, los padres apostólicos le amarán tal como es, le levantarán a donde pertenece, le restaurarán a quien debería ser, y le equiparán y le lanzarán al propósito divino por el cual fue creado. Dios redimirá cada atraso que has experimentado y los hará escaleras para que suba al nivel que debes estar.

Este es el punto clave. La maldad de Onán desagradó a Dios, entonces el Señor lo mató. Tamar recibió la simiente de Judá y por él concibió. **"Y aconteció que al tiempo de dar a luz, he aquí había gemelos en su seno" (Génesis 38:27).** Dios le dio el doble por todo su dolor, porque cuando Dios se propone un plan, Él lo cumple. Quizás se demora, pero no será negado. Dios puede hacer que tu dolor dé a luz a tu mayor gozo.

# El Negocio de la Cobertura Espiritual

¿Cuánto debería costar tener un padre espiritual? Si está buscando una respuesta, déjeme ayudarle: Nada. Ser padre para hijos espirituales no es una relación contractual mantenida por una aplicación y un pago mensual. Esta vital función apostólica ha sido reducida a una transacción donde dichos padres se están enriqueciendo por estafar a sus hijos espirituales.

En el reino natural, los hijos nacen como resultado de la intimidad. Los padres naturales son conectados a sus hijos sin duda por un proceso biológico que transmite la vida del padre a los hijos, determinando su ADN, su grupo sanguíneo, y su identidad. La paternidad natural fluye del padre a los hijos, y nunca pide compensación de los hijos.

Bueno, este proceso natural revela una verdad espiritual, como lo dice 1 Corintios 15:46: **"Más lo espiritual no es primero, sino lo animal; luego lo espiritual"**. Si en lo natural (o animal), se procrea por un proceso que se origina en los lomos del padre y tiene sus raíces en una relación sin la contribución de los hijos, así es también en el reino espiritual.

Pablo aseguró su puesto paternal a los corintios simplemente por recordarles que él era su padre espiritual porque él los había engendrado por medio del Evangelio, no por un contrato o por una transacción. **1 Corintios 4:15: "Porque aunque tengáis mil ayos en Cristo, no tendréis muchos padres; pues en Cristo Jesús yo os engendré por medio del evangelio".**

En caso de que esté confundido y no sepa quien es su papá espiritual, déjeme ayudarle a encontrarlo. La última parte de este versículo debería ser la prueba de ADN que nos ayude identificar nuestros padres espirituales: **"en Cristo Jesús yo os engendré por medio del evangelio".**

Hay dos preguntas que pueden ayudarle a identificar su padre espiritual:

**a) ¿Quién fue él que le trajo a Cristo?**
La primera función del padre espiritual en su vida en la función evangelística de traerle a Cristo. Por medio de la Palabra y la esperma de Dios, naciendo en el reino, esta persona enviada por Dios que le presentó a Cristo y a la experiencia del Nuevo Nacimiento es, sin duda, su padre espiritual.

**b) ¿Quién le ha criado, desarrollado, aconsejado, edificado, disciplinado, y ha traído una dirección a su vida?**

La segunda función de un padre espiritual es la función apostólica de la educación y el desarrollo. Esta persona puede ser la misma que le trajo a Cristo, o puede ser otra persona completamente, porque muchos nacimos espiritualmente en un lugar y luego fuimos soltados para desarrollarnos en otro lugar y otro ministerio. El apóstol Pablo no dio a luz a la iglesia de Roma, pero se volvió su padre espiritual porque la educó y la desarrolló. Timoteo no nació al reino por el apóstol Pablo, pero Pablo se volvió su padre espiritual cuando se hizo socio de las señoras Lois y Eunice y desarrolló este joven para que fuera un poderoso hijo espiritual. **"Por esto mismo os he enviado a Timoteo, que es mi hijo amado y fiel en el Señor, el cual os recordará mi proceder en Cristo, de la manera que enseño en todas partes y en todas las iglesias" (1 Corintios 4:17).**

El papel del padre espiritual en la vida de los hijos espirituales es aconsejar, equipar, disciplinar, y proveer las herramientas necesarias para desarrollar completamente a los hijos para que sean hijos competentes que, con tiempo, se vuelvan ministros competentes quienes transmitirán la impartición de los padres a sus propios hijos.

Los verdaderos padres espirituales tienen un propósito generacional y una visión para sus hijos. Pablo le dijo a Timoteo, **"Lo que has oído de mí ante muchos testigos, esto encarga a hombres fieles que sean idóneos para enseñar también a otros".** El enfoque es siempre en los hijos; nunca se determina por el tamaño de la iglesia o por un acuerdo contractual que demande dinero.

Distinto a otros libros de la Biblia que llevan el nombre de sus autores, 1 y 2 Timoteo fue escrito por el apóstol Pablo para su hijo, Timoteo. Contrario a algunos de los modelos apostólicos de hoy en día que usan sus hijos para buscar ganancia financiera para avanzar y promoverse, el apóstol Pablo promueve y avanza a su hijo, Timoteo, como un arquero que le saca filo a su flecha para lanzarla hacia un blanco específico.

Para ser justos en este asunto, debemos lidiar con la pregunta: "¿Cuál es la responsabilidad de los hijos espirituales hacia sus padres espirituales?"Los hijos naturales son ordenados por la escritura a honrar a sus padres. De hecho, este mandamiento es el primer mandamiento con una promesa. Como es en lo natural, así debería ser en el reino espiritual. Los hijos espirituales deberían honrar a sus padres espirituales.

El honor es una expresión del respeto y de reconocimiento de uno que estimamos más que a nosotros mismos. Esta expresión es una respuesta, no una exigencia. Mi papel como padre de mis hijos debería provocar un flujo de honor natural y recíproco de ellos hacia mí. Nunca debería ser exigido, forzado o manipulado.

No podemos ignorar el hecho de que la deshonra es muy común en la Iglesia hoy en día. En parte, este es el resultado de un problema cultural mezclado con la enseñanza incorrecta. Yo recuerdo claramente haber escuchado a nuestros maestros en la iglesia donde fui criado decir "Solamente Dios merece la honra y la gloria". Esta idea fue tan inculcada en nuestras mentes que para considerar honrar a un hombre podría ser interpretado como una herejía.

Yo recuerdo vívidamente la primera vez que mi amigo José y yo decidimos organizar un servicio de apreciación para nuestros pastores. El término "servicio de apreciación" era desconocido en nuestra congregación. Nosotros lo aprendimos por tener compañerismo con otra iglesia que creía fuertemente que debían honrar a sus líderes. De hecho, en esta iglesia cuando la gente testificaba, decía, "Doy honra a Dios y a mis pastores". Esto era nuevo para nosotros.

Bueno, yo recuerdo que en el día de nuestro servicio de aprecio, ciertos miembros salieron del culto porque sentían que le quitamos la honra de Dios para darla a nuestros pastores, y no querían nada que ver con este culto. Igualmente como el honor es una respuesta y una expresión espontánea de respeto para alguien que uno estima más que a sí mismo, la deshonra es el resultado de un corazón oscuro que no reconoce los beneficios de la autoridad espiritual que Dios ha puesto sobre ellos en la persona de padres espirituales.

El corazón oscuro de Absalón perseguía a su padre, David, con la intención de deshonrarlo y, finalmente, matarlo. Pero David, varón conforme al mismo corazón de Dios, se paró enfrente del Saúl dormido y, en vez de deshonrarlo y matarlo con su propia espada, él vio la unción. Él no se atrevió a tocar la autoridad espiritual que Dios había puesto sobre su propia vida, entonces dejó a Saúl vivo cuando tenía la oportunidad de matarlo (véase 1 Samuel 26:11).

Yo creo que no puede haber reforma apostólica sin verdaderos padres quien, de acuerdo con Malaquías 4:6, tienen corazones que se vuelven hacia los hijos. Ellos son los padres que darán a luz o desarrollarán hijos espirituales con la intención de transformarlos a ministros competentes de acuerdo al don y gracia que Dios les ha dado y soltarlos al propósito eterno al cual fueron llamados sin esperar sacarles provecho.

Esta estrategia paternal producirá hijos espirituales cuyos corazones se volverán hacia los corazones de sus padres. Luego correrán con el diseño de Dios revelado en el corazón de sus padres para establecer la visión de sus padres localmente, regionalmente, e internacionalmente. Darán libremente a otros lo que les fue impartido, y limpiarán la iglesia y la tierra de la maldición de la deshonra que nos ha acosado por generaciones.

Esta es el tipo de relación que existe entre Dios el Padre y Dios el Hijo. El Padre ama al Hijo. Él le llama Su Hijo amado. El Hijo responde y honra el amor del Padre adoptando la misión y los deseos del Padre. Sin manipulación, control ni trucos, el Hijo se deja clavar a la cruz. Por medio de Su muerte y resurrección, Él abre la puerta para que otros hijos espirituales se unan a la familia. Es entonces que el Padre recompensa al Hijo dándole un nombre que es sobre todo nombre.

Que seamos la generación de padres que desarrollará hijos espirituales que son conectados relacionalmente, guiados revelacionalmente, y enviados generacionalmente para la gloria de Dios y el establecimiento de Su reino.

# El Abuso Profético

Yo debo comenzar este capítulo con un énfasis en el gran beneficio que tiene la Iglesia cuando el ministerio profético se despierta en ella. Si el ministerio del apóstol se necesita para establecer una fundación y traer orden y coordinación a la Iglesia, entonces el ministerio del profeta es necesario para darnos dirección porque juntos revelan el corazón, el propósito y el plan de Dios en la construcción de la iglesia (véase Efesios 3:5).

Ya que dije eso, debo decir que el mal entendimiento del oficio profético en la Iglesia se vuelve un semillero para el abuso. Cuando hacemos del profeta nuestra fuente de escuchar de Dios y empezamos a seguir al profeta para recibir una palabra de Dios (como los paganos siguen al medico brujo a al adivino), nos abrimos al abuso profético. Lo profético nos confirma lo que Dios ya nos ha revelado.

Sin despreciar el oficio del profeta, nuestra fuente de información es la palabra de Dios, revelado a nosotros por medio de Su Espíritu Santo. El Espíritu

Santo es el espíritu de sabiduría y revelación. Es el derecho de cada creyente ser guiado por el Espíritu, no por el profeta. Es el Espíritu Santo que ilumina los ojos de tu entendimiento para que puedas conocer el diseño y el propósito de Dios para tu vida. Estas cosas pueden ser señaladas y desarrolladas por el ministerio quíntuple, pero son impartidas a tu vida por Dios mismo.

Nuestra ignorancia en esta área se ha vuelto una puerta abierta para el abuso cuando seguimos a los dotados por causa de su don. Esto se conoce como el espiritualismo. Usted deja que esta persona lo controle y lo manipule. El control y la manipulación son semejantes a la brujería. Aquella persona que está hablando en su vida se ha vuelto su conexión personal con Dios. Ambos (usted y la otra persona) están errados porque estos dones fueron dados a la Iglesia para construir y edificar el Cuerpo de Cristo y nunca para volverse una plataforma de consulta privada.

Recientemente visité a cierta ciudad. Cuando salí de un culto, una mujer me detuvo y me preguntó, "¿Qué le muestra Dios acerca de mí?" Yo simplemente respondí, "Él no me ha mostrado nada". Esta mujer es un blanco fácil para el abuso profético porque ella está buscando escuchar de una voz externa las cosas que Dios quiere decirle directamente a ella. Si ella continúa por este camino, eventualmente alguien se aprovechará de su ignorancia.

Es más, tenemos que clarificar la diferencia entre el oficio de un profeta, alguien operando en la palabra de sabiduría, alguien operando en la palabra de ciencia, y alguien operando en un don de profecía. Tendemos a mezclar estas manifestaciones del Espíritu, y la mezcla se vuelve una dosis tóxica que daña al Cuerpo de Cristo. Por favor entienda que el hecho de que alguien profetiza no lo hace un profeta.

Un profeta pertenece al gobierno de la Iglesia como parte del ministerio quíntuple junto al profeta, el evangelista, el maestro y el pastor. Cuando él habla, él revela la voluntad de Dios para una persona o una nación (pasado, presente y futuro) y revela la naturaleza y diseño de la Iglesia del Nuevo Testamento (véase Efesios 2:19-22). Por medio de él, Dios revela estrategias para separar la verdad del error. Él tiene la autoridad de traer la corrección, la instrucción, y la dirección y moviliza la Iglesia con estrategias claras para cumplir con la Gran Comisión.

Yo lamento la impresión ligera que la Iglesia ha adoptado del profeta tras los años. Quien sea que se acerca y dice algunos nombres y nos dice algunas cosas buenas, nosotros le llamamos un profeta. Podría ser genuino, pero un profeta es mucho más que eso. Los profetas tienen acceso al departamento arquitectural del cielo, donde ven claramente a los diseños y planes de Dios, y los hace disponibles a los santos para ayudarles en el establecimiento de la Iglesia.

También hay los que operan en la palabra de la sabiduría. Dios usa estos individuos para revelar Su voluntad y Su consejo para personas, lugares y cosas concernientes al futuro. A veces suenan como profetas y a veces la gente los cree profetas, y a veces se confunden en su propia identidad y toman el título de profeta, pero no lo son. Este don es importante para el Cuerpo de Cristo, pero solamente es una dimensión del oficio de un profeta.

Yo trabajé como carpintero por veintiséis años con la misma compañía. Yo estoy certificado para leer los planos. Esto significa que puedo hacer más que construir. Yo puedo ver la mente del arquitecto y ver el edificio terminado mientras lo estoy construyendo. Mi mayor estorbo como constructor fue cuando tuve que trabajar con personas que no sabían leer los planos. Eran buenos trabajadores, pero a veces demoraban más al trabajo que avanzarlo, porque no podían ver todo el panorama

Yo he visto lo que puede suceder cuando un auto-nombrado profeta pretende operar en una dimensión que no tiene. A veces esto pasa por causa de la presión puesta sobre él por la gente que vino para recibir una palabra, y a veces por la presión que él se puso en sí mismo para ir más allá de lo que Dios le ha dado. Estas personas empiezan en el Espíritu y terminan en la carne, causando más daño que beneficio.

Otro don colaborador que frecuentemente se confunde con el ministerio del profeta es la palabra de ciencia. Este don revela la voluntad y el consejo de Dios, principalmente tratándose del pasado y el presente. Los que operan en este don son de grandes beneficio al Cuerpo de Cristo cuando tienen la madurez de quedarse en su carril, con completa comprensión de su esfera de operación. Esto se convierte en el equilibrio que los mantiene dentro de sus límites.

Muy pocas conferencias proféticas terminan sin algún nivel de confusión porque las fronteras no son respetadas. Tenemos un profeta que abusa su oficio, fingiendo ser infalible, y bajo la pretensión de haber escuchado la voz de Dios él no somete sus palabras para ser juzgadas por el gobierno de la iglesia. O tenemos a alguien con una palabra de sabiduría o una palabra de ciencia que opera en el oficio de un profeta, hablando a la vida de una persona o una congregación que no entiende la diferencia.

Un amigo personal que pastorea una gran iglesia recientemente experimentó una crisis en su congregación que tenía el potencial de causar una gran destrucción. Algunos de sus miembros asistieron a una cruzada donde como dicen, "estaba operando lo profético" Aparentemente algunos recibieron una palabra del "profeta', literalmente ordenándolos al ministerio. Cuando regresaron a su congregación, esperaban que el pastor hiciera caso a la "palabra profética" y los soltara al ministerio. Cuando él se rehusó por razones obvias, ellos se rebelaron y cambiaron de congregación.

Este abuso del poder y la autoridad para algunos que operan lo que nombran "lo profético' no respeta la estructura soberana de la Iglesia. Su ego, sus ambiciones personales, y el mal uso del poder los ciega al orden que edifica el Cuerpo de Cristo. Los que ponen su confianza ciega en ellos, con una dosis de ignorancia espiritual, se vuelven víctimas que se salen del camino, pensando que Dios ha hablando cuando, en realidad, Dios ha estado callado todo el tiempo.

Hay otros en el Cuerpo de Cristo que operan en el don de profecía. Estos no son profetas, y aunque operan en una dimensión del ministerio profético, no deberían creerse profetas. Como dije anteriormente, todos los profetas profetizan, pero no todos los que profetizan son profetas.

El don de profecía es un don poderoso y esencial que merece ser entendido, apreciado, y respetado en su propio mérito sin confundirlo con ningún otro don. El Espíritu Santo puede moverse en un individuo para traer una palabra de edificación, exhortación o consuelo a la congregación (véase 1 Corintios 14:3). Esta podría ser una manifestación única en la vida de muchos, o podría ser repetitiva en la vida de una persona.

En cualquier caso, no deberíamos llamarles a estas personas profetas. Yo fui criado en la iglesia pentecostal, y era rara la vez que terminaba el culto de adoración sin una palabra de profecía. El Espíritu Santo se movía sobre varias personas en la congregación. A veces la persona menos esperada traía una palabra profética cuando el Espíritu Santo le dirigía traer edificación y consuelo a la congregación. Otras veces era una palabra de exhortación que nos llevaba a nuestras rodillas en arrepentimiento.

Ninguno de estos individuos jamás fue nombrado profetas entre la congregación. Fueron vistos como unos de muchos miembros del Cuerpo de Cristo que fueron usados por el Espíritu Santo para operar uno de muchos dones que Dios ha distribuido a la Iglesia. Al fin del culto, el enfoque nunca fue en el individuo que profetizó; el enfoque siempre fue colocado en el beneficio colectivo de aquella manifestación.

Siempre es una buena idea mantener el enfoque lejos del individuo, porque nunca es la intención de Dios magnificar a una persona por medio de la manifestación de Sus dones. Asi como al burro de Balam no se le dio un desfile y un nuevo establo por ser usado por Dios para regresar a Balaam de su camino perverso (véase Números 22:22-40), ningún hombre o ninguna mujer debería recibir una placa, un título, o cambio de posición porque profetizaron en el servicio del día anterior.

Si nos volvemos infatuados e impresionados por el carisma y el don de ciertos individuos, nos volvemos vulnerables al abuso y la manipulación. Yo he visto el mal trato de la gente por estos individuos "ungidos", que después quieren cubrir su arrogancia con el nivel de su unción. Quizás los abusados fueron atacados por el monstruo que ellos mismos crearon.

Discernimiento de espíritus es otro don que frecuentemente (y erróneamente) lanza a algunos en el campo de lo profético. Sí, este don es otra dimensión del ministerio de un profeta, pero solo no lo hace a uno un profeta.

Este don le da la revelación espiritual y percepción al reino de los espíritus. Como se describe en el nombre, este don nos permite discernir y detectar los espíritus. Este don, para citarle a Finis Dake, es tan milagroso como los demás pero opera en el reino del espíritu solamente. Su propósito es dar percepción al reino espiritual y revelar el tipo de espíritu que está obrando en y por medio de una persona y para revelar pensamientos y motivos.

Este don, cuando opera en y por medio de un individuo maduro y escrituralmente balanceado, es un gran beneficio al Cuerpo de Cristo porque nos da acceso al reino espiritual y nos concede información inmediata que no podemos obtener por otro medio. Es una herramienta poderosa para el ministerio de la liberación y un arma grandiosa para la guerra espiritual, obrando junto con los demás dones espirituales.

Por otro lado, cuando este gran don es abusado y llevado más allá de sus límites, puede volverse algo muy feo. Ministerios de intercesión con buenas intenciones a veces pueden saltar del precipicio cuando empiezan ver a los espíritus por doquier, intentando de echar fuera demonios cuando, en realidad, están lidiando con los síntomas y consecuencias de una naturaleza caída. Cada error humano no está basado en la actividad demoníaca. El hombre puede ser malo, pecaminoso, y disfuncional sin la ayuda de los demonios.

Siempre es bueno rodearnos de los que nos pueden ayudar a discernir lo que estamos discerniendo. Siempre es una buena idea buscar consejo de una multitud de consejeros cuando uno opera este don. Recuerde siempre que estos dones sirven como canales por los cuales Dios revela Sus planes y propósitos a Su pueblo relacionados con Su Iglesia y el avance de Su reino.

La ignorancia siempre es la raíz del abuso eclesiástico. Dios dice que Su pueblo perece por falta de conocimiento. En la mayoría de los casos, el abusador y el abusado, ambos están caminando en algún grado de ignorancia espiritual. El abusado recibe ciegamente lo que el abusador decreta erróneamente. Cuando crecemos en el conocimiento de Él y de Su palabra, podremos identificar claramente y diferenciar la verdad del error, y allí encontraremos el valor de alejarnos del abuso profético.

# Dar Coercitiva y Compulsivamente

Ningún principio bíblico es tan consistentemente claro en toda la Escritura como las reglas que gobiernan el ofrendarle al Señor. Empezando en el Antiguo Testamento y siguiendo en el Nuevo Testamento, la Palabra de Dios es muy clara cuando establece que lo que sea que uno da al Señor debe glorificarlo a Él y debe de ser dado voluntariamente y sin manipulación o compulsión.

Nunca fue el deber del sumo sacerdote del Antiguo Testamento, ni es el deber del líder del Nuevo Testamento, forzar o manipular la gente para que den al Señor. Comenzando con el libro de Génesis, vimos que Dios aceptó una ofrenda que fue traída con la actitud correcta y rechazó otra que no cumplió con Sus requisitos establecidos.

Ambos Caín y Abel tuvieron el mismo nivel de revelación acerca de lo que deberían traer y como deberían traer una ofrenda aceptable al Señor. Caín trajo una ofrenda que parecía llenar al altar, pero no movió el corazón de Dios, así que Dios lo rechazó por completo. Luego Abel trajo su ofrenda, la cual la Biblia describe como una ofrenda de los primogénitos de sus ovejas y de lo más gordo de ellas. La Biblia dice que Dios respetó a Abel y a su ofrenda (véase Génesis 4:1-5).

Ninguno de estos muchachos dio por coerción o por manipulación. Dieron voluntariamente, basado en su nivel de revelación y su amor hacia Dios. Lo que dieron y como lo hicieron revelaron la verdadera condición de sus corazones, porque eso es lo que hace nuestra ofrenda: revela la verdadera condición del corazón y expone el verdadero nivel de honor y respeto que tenemos hacia Dios. Nuestro Dios no se impresiona por cantidad; Él se conmueve cuando nuestra ofrenda está envuelta con la totalidad de nuestros corazones.

Estando Jesús sentado junto al arca de la ofrenda, vio que la gente echaba dinero en el arca. Los ricos echaban cantidades grandes. Cristo no fue impresionado por ellos ni por sus ofrendas, pero le aseguro que estos tipos recibirían tratamiento preferencial en la mayoría de nuestras iglesias hoy en día. Cristo no fue conmovido hasta que una viuda pobre echo dos blancas. Su ofrenda era menos en cantidad, pero representaba la totalidad de su vida.

Esta mujer con sus dos blancas no impresionaría nunca al manipulador profesional que contratan especialmente para convencer a la audiencia en televisión que Dios le dijo que teníamos que dar una cantidad específica para poder recibir una bendición. Podían haberle dicho a esta mujer, aunque dio todo lo que tenía, que la cantidad que daba no era suficiente como para conseguir el milagro que ella buscaba. Sin embargo, ella conmovió el corazón de Dios porque probó que su regalo fue dado del corazón, el cual ya fue dado a Dios (véase Marcos 12:41-44).

Como un pastor, yo entiendo por experiencia la necesidad de nuestros ministerios de generar suficiente dinero para cumplir con el mandato que Dios ha puesto en nuestras vidas. Cada visión dada por Dios tiene un costo. Sin dinero, simplemente no podemos operar. Esta es una verdad inevitable, pero nunca se permite generar estos fondos por trucos manipulativos y medidas compulsivas que presionan, engañan y persuaden a la gente en dar, motivados por una manera injusta.

Es abusivo manipular las emociones del pueblo de Dios con un mini-sermón en la hora de la ofrenda que ofrece la esperanza falsa y expectativas no realísticas. Es incorrecto engañar a la gente para que piensen que Dios les retiene una bendición hasta que den esta ofrenda porque, para decir la verdad, ellos no recibieron lo que les prometieron la última vez que les hicieron este truco.

Pastor, es incorrecto que usted despeluque a su pueblo de esta manera, pero es peor cuando permite que un evangelista, profeta y cualquier otro abusador entre y haga lo mismo. Cada uno viene con sus propios trucos y maneras de satisfacer sus propias ambiciones carnales y vidas lujosas, robándole a la novia que somos llamados a proteger.

Cuando uno participa o permite este tipo de comportamiento abusivo sobre el pueblo de Dios, se alinea con los pastores irresponsables que en los días de Ezequiel:

* Se alimentaron a sí mismo y no cuidaron al rebaño
* Comieron la grasa y se cubrieron con la lana, pero las ovejas tenían frío
* Mataron a la engordada, pero no alimentaron al rebaño
* No fortalecían a las débiles
* No curaron las enfermas
* No vendaron la perniquebrada
* No volvieron al redil la descarriada
* No buscaron a las perdidas
* Enseñorearon con dureza y con violencia.

Entonces porque usted no los cuidó, se esparcieron. Se volvieron comida para otros abusadores (véase Ezequiel 34:1-10).

Por estas razones el Señor descalificó estos pastores para pastorear Su rebaño, porque cuando el pueblo de Dios existe para servir nuestras ambiciones personales, y ellos se vuelven la herramienta para cumplir nuestros propósitos, ya no estamos alineados con el corazón del padre y Su Hijo que vino para servir y no para ser servido, y dio Su vida por los perdidos.

Debemos cesar esta actividad inmediatamente. Debemos cambiar de dirección. Debemos regresar al modelo bíblico de mayordomía. Debemos enseñarle la Palabra de Dios a Su pueblo y todo lo que enseñan las Escrituras acerca del plan de Dios para financiar la obra de Su reino y Su propósito divino relacionado a Su Iglesia.

Si el pueblo de Dios se destruye por falta de conocimiento, entonces lo opuesto también vale. Cuando enseñamos la Palabra de Dios a Su pueblo y crecen en la gracia y conocimiento de nuestro Señor Jesucristo, allí el pueblo se desarrolla. Allí la gente prospera. Allí la gente ama a Dios, y porque ama a Dios dará libremente al Dios que la amó primero.

Podemos empezar por enseñar las reglas que deberían gobernar nuestra generosidad. Ahora, entienda que la enseñanza no garantiza el aprendizaje. Algunos lo entenderán de inmediato y otros más tarde, especialmente cuando se trata del tema del dinero. La gente lo entenderá de acuerdo a su nivel de transformación, porque algunos todavía están en transición entre el amor al dinero y el amor a Dios. Esto lleva mucho tiempo para muchos, y algunos nunca lo logran.

Entonces como los grandes ejemplos que han ido delante de nosotros, como Jesús y Pablo, debemos enseñar la Palabra de Dios pacientemente, consistentemente y repetitivamente como uno que se esfuerza hacia una meta, y no debemos renunciar ni aceptar la mediocridad hasta que logremos esta meta. Pablo insistió con los gálatas una y otra vez hasta que Cristo se formó en ellos (véase Gálatas 4:19).

Ahora si alguien da una ofrenda, el diezmo, primicias o cualquier otra dadiva que alguien ofrezca al Señor, todo se gobierna por la misma regla. Esta regla garantiza que lo que sea dado al Señor nunca sea resultado de la manipulación, la coerción o tácticas abusivas. Es la revelación consistente del corazón de Dios para todas las edades y los pactos, y nos servirá mucho si nos regimos por esta regla.

> **Pero esto digo: El que siembra escasamente, también segará escasamente; y el que siembra generosamente, generosamente también segará.**
> **Cada uno dé como propuso en su corazón: no con tristeza, ni por necesidad, porque Dios ama al dador alegre.**
> **Y poderoso es Dios para hacer que abunde en vosotros toda gracia, a fin de que, teniendo siempre en todas las cosas todo lo suficiente, abundéis para toda buena obra.**
> **(2 Corintios 9:6-8)**

Hay una tienda de ropa de varones que tiene un comercial que dice, "Un consumidor educado es nuestro mejor cliente". Esta declaración también se aplica a los creyentes: un creyente educado es un gran beneficio a la visión, misión y propósito de la iglesia local. Si invertimos el tiempo en su educación, rendirán resultado. Ahora, recuerde que esto se tiene que hacer pacientemente, consistentemente y repetitivamente.

Hay tres componentes importantes en la regla que gobiernan el ofrendarle a Dios como está detallado en 2 Corintios:

*La reciprocidad de la generosidad: 2 Corintios 9:6.* Esta es la ley de siembra y cosecha establecida en el principio y re-establecida con Noé, la ley de tiempo de semilla y de cosecha (véase Génesis 8:22). Se establece que el tamaño de su cosecha se determina por el volumen de lo sembrado, que si uno siembra escasamente, también segará escasamente, y si siembra generosamente, generosamente también segará.

Esto ha sido instrumento del abuso y manipulación cuando se usa para persuadir a los individuos que den más que lo que tienen, diciéndoles que si dan más, Dios les regresará aún más. Ves, igual como Satanás lo hizo con Eva, él torció la verdad y la hizo mentira, haciéndola tan persuasiva que Eva creyó que era verdad. Debemos guardarnos de las mismas tácticas.

Los buenos maestros, como estamos llamados a ser, siempre ensenan dentro del marco del balance. Esta ley, cuando fue enseñada originalmente entre los hebreos, siempre fue colocado dentro de los límites de **Deuteronomio 16:17** que dice, "**Cada uno con la ofrenda de su mano, conforme a la bendición que Jehová tu Dios te hubiere dado**".

Es verdad que segamos de acuerdo con nuestro sembrar, pero también es verdad que si un granjero tiene solamente un acre de terreno, su cosecha será mucho menos que el granjero que tiene diez acres. Si los dos granjeros siembran de acuerdo con el tamaño de sus campos, sembrarán cantidades diferentes, pero los dos segarán cien por ciento porque sembraron en proporción con el terreno que tenían.

Restauremos el gozo de la generosidad por recordarle a la gente que deberíamos dar porque *hemos sido* bendecidos, y soltémoslos de la presión de dar *para ser* bendecidos. El gozo del dador que trabaja medio tiempo en McDonald's debería ser lo mismo que el que trabaja en Wall Street. Los dos se pueden regocijar en dar al Señor cuando dan cantidades diferentes con el mismo nivel de fidelidad.

*Las reglas para ofrendar: 2 Corintios 9:7.* Estas reglas dicen simplemente que lo que ofrecemos al Señor tiene que venir del corazón, no renuentemente ni con tristeza, o bajo presión o compulsión, porque Dios se complace en el dador que se regocija en su generosidad. El regalo que conmueve a Dios es dado libremente y gozosamente del corazón, y punto.

Cualquier cosa que aceptamos para el Señor fuera de estos parámetros rompe las reglas. Molesta, carga y abusa al pueblo, y desagrada a Dios. No podemos preocuparnos con cumplir con nuestro presupuesto sin importar de cómo lo cumplimos. Los medios tienen que tener la misma importancia que el resultado.

Es mala mayordomía regocijarnos por cuanto dinero entró sin que nos importe si esto se logró por medios manipulativos y coercitivos. La mayordomía buena y honesta no es buscar dadivas, pero es buscar que el fruto abunde a la cuenta del dador (véase Filipenses 4:17). Uno tiene que asegurar que lo que fue dado honrará a Dios primeramente, y luego resultará en una cosecha para el dador porque fue dado gozosamente al Señor de un corazón voluntario.

Esto solamente se logra cuando guiamos al pueblo en darle al Señor como lo han propuesto en sus corazones, libres de compulsión y presiones puestas por nuestras ambiciones, y buscando conmover el corazón de Dios cuando Él se regocija en el dador alegre.

*La promesa de Dios para el dador: 2 Corintios 9:8.* Dios dice que cuando damos del corazón, libremente y gozosamente, Él hará que abunde en nosotros toda gracia, a fin de que, teniendo siempre en todas las cosas todo lo suficiente, abundamos para toda buena obra. Pablo agrega que, porque somos los sembradores, Dios nos dará semilla y pan para comida, y multiplicará la semilla que sembramos y aumentará el fruto de nuestra justicia.

Esta es una promesa y declaración poderosa para el creyente que se regocija en dar al Señor. Como un pastor y supervisor del rebaño de Dios, yo tengo que preocuparme que cada persona que da fielmente al Señor vea la manifestación de esta promesa en su vida y en su hogar. Esto no debería ser una herramienta para manipularlos que den, pero un incentivo para enseñarlos correctamente que den al Señor, y también protegerlos de los que usan esta promesa para quitarles su dinero a cambio de expectativas falsas.

Hace un tiempo, yo me estaba enfermando de un virus. Me sentía tan mal que decidí ir a emergencia. Yo estaba seguro que me internarían bajo observación por al menos una noche. Así que me sorprendí cuando el médico solamente me dijo,

"Llene esta receta, tome una cucharada cada cuatro horas, y estará bien".

Respondí, "¿Es todo?"

El médico dijo, "Es todo'.

La lección aquí es que a veces grandes problemas se pueden resolver por seguir direcciones simples. Podemos librar al Cuerpo de Cristo de esta forma de abuso por solamente enseñar y adherir a esta regla sencilla. Si no hacemos nada y continuamos satisfechos con estas prácticas abusivas, por comisión o por omisión, entonces nosotros (como los pastores en los días de Ezequiel) deberíamos ser descalificados de pastorear el rebaño sobre el cual el Espíritu Santo nos ha puesto a cargo (véase Hechos 20:28).

Yo he conocido la presión financiera, personalmente y también en el ministerio, junto con la mayoría de los pastores que conozco. Aunque nuestros ministerios sean divinos, todos tienen una cosa en común: todos tienen un costo, y todos requieren el dinero – mucho dinero. La presión de financiar lo que Dios nos ha mandado a hacer puede agobiarnos. En estos tiempos llenos de estrés, si no guardamos nuestros corazones recurrimos a transferir nuestra presión a la congregación.

Aprendí que lo que tenemos que hacer es explicar muy bien nuestra visión y el costo de su implementación. Hay que decirle al pueblo lo que Dios ha puesto en nuestros corazones y mostrarles como esto será un beneficio a ellos y cuanto costará. En otro nivel, la gente debe saber los gastos diarios del ministerio. Una vez que hemos hecho esto, debemos confiar en Dios que alineará los corazones del pueblo con esta visión.

Esto es exactamente lo que hizo Moisés. En Éxodo 35, él habló a toda la congregación del pueblo de Israel. Él explicó lo que el Señor le había ordenado hacer, le dijo lo que se necesitaba para hacerlo y, sin ninguna manipulación ni táctica abusiva, las personas cuyos corazones el Señor conmovió voluntariamente trajeron una ofrenda para la obra del tabernáculo (versículo 21). Dieron tanto hasta que Moisés impidió que ofrecieran más.

También yo fui evangelista por muchos años. Yo puedo hablar de experiencia propia de las presiones financieras que enfrentan a un evangelista. Yo sé como se siente estar afuera por una semana y regresar a casa sin nada. Yo recuerdo una vez que ministré en Nueva York y recibí veinte dólares y un pañuelo como ofrenda, y en otro lugar me dieron unas manos de cerámica en posición de oración. Tuve que pedir dinero prestado para cruzar el puente Varrazano y regresar a casa después de haber ministrado sin recibir una ofrenda.

Este maltrato y alto grado de deshonor podía haberme causado a recurrir a trucos y medidas manipulativas para sacar dinero de los bolsillos de la gente como otros lo han hecho. Yo podía haberme justificado simplemente por cubrirlo con el versículo que dice, **"Digno es el obrero de su salario" (1 Timoteo 5:18).** Aunque odiaba el sentimiento que me habían robado lo que era mío, yo tenía el sentido para saber que despeluzar al pueblo de Dios nunca es lo correcto.

Entonces para guardar mi corazón, para poder alimentar a mi familia y cruzar el puente Verrazano, simplemente dejé de ir al lugar donde no me honraban. Sacudí el polvo de su congregación de mis pies y nunca regresé allí. Nunca regresé al lugar donde el pastor levantó miles de dólares, diciéndole a la congregación que eran para mí, y luego me dio un cheque por $150. Yo rehusé abusar y manipular al pueblo de Dios o permitir que mi ministerio fuera motivado por el amor del dinero.

Debo pausar aquí y repudiar el abuso cometido al ministro visitante por el pastor de una iglesia local. Un ministro visitante es cualquier persona que viene como recurso invitado para ministrar a la congregación. Es un asunto serio sacar beneficio del ministerio de tales personas y no compensarlo como lo merecen. Esta injusticia ha motivado a muchos que entren al círculo vicioso de hacer lo que tienen que hacer para ser debidamente compensados.

No justifico estos métodos, pero es un hecho que un ministro visitante (en muchos casos) tiene que procurar su dinero antes de venir al evento porque no puede confiar en el anfitrión de compensarlo debidamente. Una vez que se encarguen de esta logística y todos los contratos son firmados el ministro viene, pero por causa de su preocupación por el dinero es completamente ineficaz en edificar a la Iglesia, y en este caso es ella la que pierde más.

Es mi oración que la reformación y la restauración de la Iglesia que ahora están en marcha irán más allá que lo superficial y lo cosmético hasta la profundidad de nuestras prácticas para discernir, cuestionar, y juzgar la motivación de las cosas que decimos y las cosas que hacemos. Si es que usted no cree que estas prácticas desprecian y abusan la novia, entonces que esto sea una indicacion que lo que realmente necesitamos es una reformación de los reformadores.

# La Familiaridad:
# El Abuso del Honor

Muchos se han equivocado creyendo que la familiaridad es lo mismo que la cercanía o amistad en una relación. Los que piensan de esta manera tienden a separarse de los demás para evitar conocer a esas personas cercanas o ser conocidos por ellos, esto los hace solitarios y a veces se desconectan de las personas que están llamados a servir.

La realidad es que no todos a su alrededor son afectados por la familiaridad. Hay algunos en la congregación y entre sus amigos que pueden compartir la confianza y todavía honrarle, respetarle y verle como Dios lo ve. Ellos nunca cruzan la línea para subestimar o despreciar la autoridad espiritual que Dios ha depositado en tu vida. Ellos le honran y le respetan a pesar de la amistad.

Ahora, hay una línea fina entre la familiaridad y la amistad. Todos los que han entrado en la familiaridad han entrado por la puerta de la amistad. Ellos usan la información y las oportunidades adquiridas por medio de la amistad para reducir o cancelar el poder de Dios en tu vida. Simplemente no saben cómo manejar conocerte fuera del campo de tu unción.

Es como sorprender a tu novia y verla sin su maquillaje. Usted está tan acostumbrado a verla en sus momentos gloriosos y glamorosos, y ahora ha entrado en el campo de lo desconocido, confrontado la realidad de quien es, realmente. Sigue siendo la misma persona, pero en tu mente ahora se nota una diferencia.

La familiaridad es sub-estimar lo sobrenatural en tu vida. Reduce el poder y la autoridad de Dios en el hombre y la mujer de Dios al nivel de lo natural. Es la cama sobre la cual la deshonra es concebida y es la fundación para la falta del respeto y es doloroso porque solamente puede operar por medio de personas que son cercanas a ti.

Jesús regresó a Su propia tierra y comenzó a enseñar en Sus sinagogas. Los que le escucharon fueron sorprendidos por Su sabiduría y grandes obras. Había evidencia innegable que el poder de Dios abundaba en Su vida. El problema aquí es que Él estaba en Su propia tierra. Estas eran las personas que Le vieron crecer. Estas eran las personas que conocían tanto a Su humanidad que estaban ciegos a Su divinidad.

Algunos decían, "Este es el hijo de José el carpintero". Otros decían, "Yo conozco a Su madre, su nombre es María". En un tono de deshonra, otros decían, "Yo conozco a Sus hermanos". Conocían tanto a los hechos de Su humanidad que causó que despreciaran Su divinidad. Entonces Jesús no pudo hacer muchos milagros allí por causa de su incredulidad.

La familiaridad es el precursor de la deshonra. Jesús reconoció el abuso de honor en Su propia tierra y entre Su propio pueblo y dijo, **"No hay profeta sin honra, sino en su propia tierra y en su casa" (Mateo 13:53-58).** La deshonra es una experiencia dolorosa y es difícil de vencerla porque es causada por alguien de confianza, de quien usted esperaba lo opuesto.

Si usted tiene tiempo como pastor, no dudo de que haya experimentado el abuso del honor. Usted ha sido lastimado en algún punto en su ministerio por alguien que le debía honrar, y entendemos de que la razón por la cual fue tan doloroso es porque era alguien de confianza; era un amigo, era un hijo, era alguien cercano a ti.

Esto es, de hecho, el aguijón de la familiaridad y el abuso del honor. Alguien con el cual tiene compañerismo escoge pasar por alto tu autoridad y unción por causa de la amistad. Nos lleva a un punto donde nos identificamos con José, quien fue arrojado a un poso y vendido como esclavo por sus propios hermanos. Pero hay un lado bueno de este abuso.

La familiaridad es dolorosa y la deshonra es devastadora, pero los que te deshonran son los que más pierden. Jesús fue deshonrado por Sus paisanos, pero ellos perdieron la oportunidad de recibir una impartición de Él. Ellos se perdieron el depósito sobrenatural en la vida de Jesús que podía haber suplido todas sus necesidades.

En **Lucas 5:17-24,** vemos a Jesús enseñando en una casa llena de personas que no le honraban. La Biblia dice que el poder de Dios estaba presente en Jesús para sanar a cada persona en el cuarto, pero solamente una persona se sanó porque sus amigos se atrevieron a honrar y respetar a la unción en la vida de Jesús. Recibimos la impartición de la unción que honramos y respetamos.

Jesús vino a los Suyos, pero ellos no lo recibieron. Él fue deshonrado y subestimado por los que debían haberlo amado, pero Él le dio el poder de volverse hijos de Dios a los que lo recibieron. Otra vez, los que le honraron se beneficiaron de la impartición de Dios en Su vida **(Juan 1:11-12)**.

En otra ocasión, la multitud estaba empujando y presionando a Jesús. Ellos estaban cerca de Él, pero aún no recibieron nada de Él. Se acercó una mujer que le conocía y que respetaba Su unción. Ella tocó el borde de Su manto y fue sanada inmediatamente de su enfermedad.

La primera reacción de una persona que ha sido deshonrada por medio de la familiaridad es tomar medidas protectoras para asegurarse que nadie los vuelva a lastimar. Esta reacción podría ser la correcta en todo lugar menos en el ministerio. No podemos permitir que nuestros corazones se endurezcan por la familiaridad y deshonra de unos pocos. Debemos volver a levantarnos y recuperarnos por causa de los que siguen creyendo lo suficiente en nuestra unción como para tocar el borde de nuestros mantos.

Usted debe transicional del dolor de José a la victoria de José. Usted debe tornar el dolor de la deshonra en una escalera a su mejor momento. Por mas difícil que sea, a través del proceso usted debe proteger su corazón del resentimiento, para que al final pueda decirle a los que le deshonraron, **"Vosotros pensasteis mal contra mí, mas Dios lo encaminó a bien" (Génesis 50:20).** Levante la cabeza, hombre o mujer de Dios, **"Mantengamos firme, sin fluctuar, la profesión de nuestra esperanza, porque fiel es el que prometió" (Hebreos 10:23).**

Por otro lado, sería un gran servicio al reino de Dios si el Cuerpo de Cristo podría aprender a apreciar los dones ministeriales que Dios ha colocado en su medio, en la persona del hombre o de la mujer que Dios ha colocado en cada asamblea local para guiar y edificar a los santos. Nosotros tenemos que pasar de la teoría del aprecio a la práctica del aprecio. Cuando las acciones siguen la teoría, la teoría se convierte en una práctica que cede a un principio que controla a cada acción.

El principio del aprecio comienza con el reconocimiento que cada beneficio en tu vida tuvo su iniciación en Dios. Lo dice claramente en **Santiago 1:17, "Toda buena dádiva y todo don perfecto desciende de lo alto, del Padre de las luces".** Vemos a nuestros líderes de una manera distinta cuando los vemos como una dádiva enviada por Dios para bendecir a nuestras vidas. En el propósito eterno de Dios, fueron formados antes de la fundación del mundo como instrumentos para nuestra edificación.

Dios, en Su pre-conocimiento, siempre escoge a un hombre o a una mujer y los manda para ministrar a las necesidades de muchos. No es coincidencia que usted sirve bajo el ministerio de aquel pastor en aquella congregación en particular. Dios orquestó los eventos que le trajeron a este lugar y a esta persona, para que se pueda beneficiar del propósito de aquella elección y todo lo que Dios le ha dado a él para darle.

Dios, pensando en las necesidades de muchos, escogió a José. Él, por medio de Su soberanía, usó el odio en los corazones de sus hermanos para arrojarlo en el pozo, y luego venderlo como esclavo a los Ismaelitas, quienes luego lo vendieron a Potifar. José servía fielmente en la casa de Potifar pero Dios, por la orquestación divina y el mal comportamiento humano, permitió un conflicto que le mandó a José a la cárcel. En la cárcel, José hizo la conexión divina que le llevó al palacio.

Dios mismo inició este proceso en la vida de José para posicionarlo para ser una bendición para muchos. La familiaridad es el acto de tratar casualmente a los que Dios ha separado, procesado y enviado para bendecir nuestras vidas. Estos son los pastores que fueron enviados por Dios para cuidarlo a usted, para enseñar, entrenar y exhortarle en la Palabra de Dios. Deberían ser muy apreciados y honrados por ser colocados divinamente en nuestras vidas.

Nuestra generación no tiene que repetir este veredicto triste de la familiaridad que un profeta no tiene honor en su propio país y en su propia casa. El honor y el aprecio deberían ser la respuesta recíproca recibida por cada hombre y cada mujer que Dios ha enviado para transformar nuestras vidas. Verdaderamente, ¿dónde estaríamos sin ellos?

# Las Heridas de la Enseñanza Falsa

Hay una historia interesante en la Biblia que acontece durante el ministerio de Eliseo el profeta. Había una gran hambruna en la tierra. Era tan fuerte la hambruna que la cabeza de un burro se vendía por ochenta siclos de plata y cuarta pinta de estiércol de paloma se vendía por cinco siclos de plata. Muchos de los hechos y los milagros en el ministerio de Eliseo acontecieron en el tiempo de esta gran hambruna.

Queriendo alimentar a los hijos de los profetas que estaban con él en Gilgal, dijo a su siervo que preparara una gran olla de potaje. Uno de los hijos de los profetas salió al campo para juntar hierbas para el potaje. Él encontró una parra silvestre y de ella llenó su falda de calabazas silvestres. Aunque no sabían que eran, las cortaron y las echaron a la olla de potaje.

Cuando el potaje estaba listo, la sirvieron para que todos comieran. Mientras comían el potaje, empezaron a sentir los síntomas del envenenamiento y clamaron al hombre de Dios para su ayuda. Respondiendo a sus gritos de muerte en la olla, Eliseo le echó harina y dijo, **"Da de comer a la gente"**. De una vez se resolvió el problema y pudieron comer el potaje **(2 Reyes 4:38-41)**.

Es interesante notar que las acciones de uno de los estudiantes, aunque tuviera buenas intenciones, casi causó la muerte de muchos. Él trajo algo que parecía ser bueno, aunque nunca lo había comido y quizás ni lo había visto antes. Confiaron en su juicio y los encargados de la cocina — que tampoco habían visto estas calabazas extrañas antes — las echaron al potaje.

Los maestros falsos muchas veces tienen buenas intenciones y tienen un deseo genuino de edificar a la gente de Dios. Como el joven en esta historia, enseñan lo que parece ser la verdad a las vidas de los oyentes que a veces confían en el maestro sin verificar su enseñanza. Los hijos del profeta pudieron identificar los síntomas del envenenamiento y actuaron para corregir la situación antes de que hubiera pérdida de vidas, pero no siempre pasa así.

Los maestros han hecho más daño a la Novia de lo que queremos admitir. Estaban presentes en los días de Pablo causando división e intentando de corromper las mentes del pueblo de Dios, usando la misma astucia que la serpiente utilizó para engañar a Eva. Causaron que muchos que no identificaron al veneno erraran y se corrompieron de la simplicidad que hay en Cristo.

La razón por la cual los maestros falsos son tan eficaces en engañar y confundir a los creyentes es que son de nosotros mismos. Caminaron a nuestro lado, creyendo la verdad. De repente salieron de nosotros y se expusieron a otro evangelio. Se convencieron que tenían una revelación nueva y fresca, así que regresaron y buscaron cambiar las mentes de los que no creen como ellos. Perdieron la humildad para platicar, entonces enseñan y se oponen a todos los que rechazan sus enseñanzas.

No tenemos problemas en identificar a los maestros falsos que son extremistas. Como el hombre que pretende ser Cristo o el otro que ha predicho la venida de Cristo en varias ocasiones y siempre ha fallado, o el otro que cree y enseña que Cristo ya vino. Estos son fáciles de identificar. Los que tienen gran potencial para hacer mucho daño a la Iglesia son los que caminan en nuestro medio, los que pueden tomar una calabaza silvestre y disfrazarla para que parezca un repollo delicioso, llevando a los simples a su destrucción.

¿Quiere un caso crónico de confusión bíblica? Por las siguientes veinticuatro horas, solamente mire la televisión cristiana o escuche la radio cristiana. En muchos casos, antes del fin de las veinticuatro horas, verá que un programa le contradice al otro, un maestro lo dirá de una manera, y el otro dirá lo opuesto de lo que dijo el primero. No hay armonía. Todos defienden lo que perciben ser la verdad.

Yo siempre pensaba que el propósito de la reforma era purgar y quitar todas las enseñanzas erróneas de la Iglesia junto con las prácticas que provocan. Luego avanza a confrontar la fuente de estas enseñanzas, deteniéndoles de enseñar estas doctrinas dañosas. A los que reconocen su error y aceptan la verdad se les da la bienvenida, pero los que insisten en enseñar sus opiniones torcidas son expuestos y se les prohíbe el acceso a los oídos del pueblo de Dios.

No puede haber una verdadera reforma sin el arrepentimiento. No es arrepentirse solamente del pecado, pero debe de haber un cambio de mente y el abandono de las filosofías e ideas cuyas raíces no son basadas en la Palabra de Dios. Ambos Juan el Bautista y Jesús empezaron sus ministerios con un llamamiento al arrepentimiento. **"Arrepentíos, porque el reino de los cielos se ha acercado" (Mateo 3:2).** Esto era el tema de sus primeros sermones.

Muchas veces se usa esta escritura para llamar a los pecadores al altar para arrepentirse de sus pecados, pero en el contexto original este arrepentimiento fue un llamado a los religiosos de aquel día para abandonar sus creencias y sus prácticas y voltearse hacia la única verdad. Para tener un mejor entendimiento de la palabra "arrepentir" como fue usada en los mensajes de Juan y de Jesús, debemos verla en su forma original griega.

*Metanoeo* implica y sugiere un cambio de mente, un cambio tan radical que la forma nueva no es nada parecida a la vieja. Este cambio no se hace por agregar algo a la forma vieja, más bien por sacar la vieja completamente para que la nueva pueda tomar su lugar. De hecho, esta palabra se usa en este contexto en todos los Evangelios menos Lucas 17:3-4, donde se refiere al arrepentimiento del pecado. Quizás este es el enlace perdido en la reforma apostólica actual. La revelación fresca e iluminación espiritual han corrido paralelas con el aumento de doctrinas falsas. En vez de confrontarlo y detenerlo, a veces lo han facilitado.

Tenemos más apóstoles y profetas que jamás en la historia de la Iglesia, pero no han podido proveer un documento doctrinal claro que defina las verdades bíblicas fundamentales que deberíamos seguir en esta hora con claridad para la Iglesia. El caso se empeora cuando uno considera que la mayoría de los apóstoles y profetas están en conflicto doctrinal el uno con el otro, y escogen separarse para poder enseñar sus opiniones y a veces herejías dentro de sus propias redes, regresando la condición de la iglesia a los días de los jueces, cuando no había rey en Israel y todos hacían lo que querían.

Hijo de Dios, este es un día y una hora cuando necesita escuchar con cuidado y mucha atención a todo lo dicho. No se pierda en la euforia del momento y perder la levadura que está siendo servida disfrazada como la verdad. Antes de decir, "Amén", uno debe de discernir. Como mi mamá nos decía, "Hay que masticar antes de tragar". Entienda que no todo lo que se oye bien es correcto.

Recientemente escuché lo que yo considero un gran error por alguien que yo siempre veía como un gran maestro de la Palabra. Intentó enseñar la doctrina de totalidad tomada de Colosenses 2:10: **"Y vosotros estáis completos en él, que es la cabeza de todo principado y potestad".**

El maestro empezó muy bien cuando explicó nuestra posición y autoridad en Cristo. Como a la mitad de su enseñanza, él se salió del camino y cruzó a un territorio peligroso. Él empezó a enseñar e implicar que, por causa de nuestra totalidad en Cristo, los creyentes ya no tenían que perder el tiempo orando y buscando al Señor para mantener una relación que ya teníamos.

Casi podía haber tolerado su enseñanza si esto fuera todo, pero comenzó a burlarse de los creyentes que toman el tiempo para ayunar. Le llamó, "pasarse con hambre para intentar de ganar lo que ya tienen". Yo, junto con la mayoría de las personas presentes, entendíamos que ni la oración ni el ayuno debe ser una batalla con Dios, pero el maestro no dijo esto. Dejó la impresión que nuestra totalidad en Cristo nos libera de las prácticas "tontas" de orar, ayunar, buscar, y pasar tiempo en la presencia del Señor.

Aprendí hace mucho que cuando un gran tema se enseña sin balance, se acerca a la herejía. La verdad es que nuestra totalidad depende de nuestra conexión con Cristo. Somos completos "en Él". Juan 15 dice que debemos **"permanecer en Él"**. Él no nos completó para que nos separemos de El y operemos separados de El. Luego agrega, **"Porque separados de mí nada podéis hacer"**. Es una cosa lo que Cristo ha hecho, y otra lo que yo debo hacer. Yo tengo que permanecer en Él.

Les presento, queridos amigos, que sin una vida de oración constante, uno no puede permanecer. Sin un esfuerzo personal para mantener nuestra relación con Él que nos completa, estamos perdidos y sin dirección. Debemos perseguirlo apasionadamente como el ciervo brama por las corrientes de las aguas (Salmos 42:1), e igualmente como el apóstol Pablo pasó su vida entera como creyente deseando conocer al que le apareció en el camino a Damasco.

Este maestro y los que aceptan su punto de vista de la totalidad del creyente son parte de una generación que pretende edificar la Iglesia y establecer el Reino de una plataforma intelectual que está desconectada de la experiencia fresca y constante con Dios. Están ansiosos de hablar en la vida de la Iglesia, cuando en realidad Dios no ha hablado con ellos ni le ha ministrado a ellos.

Le llaman "Señor", profetizan en Su nombre, echan fuera demonios en Su nombre y en Su nombre hacen muchas maravillas, pero al final escucharán al Señor decir, **"Nunca os conocí" (Mateo 7:23).** Obviamente, estos individuos conocían algo de Él pero no caminaban en intimidad con Él. Usaron Su nombre pero no persiguieron una relación con la persona y la presencia de Cristo.

Uno de los papeles de la reforma apostólica tiene que ser confrontar las enseñanzas falsas y las prácticas que promueven, pero tiene que cumplir su propósito de enseñar y establecer la verdad, **"Hasta que todos lleguemos a la unidad de la fe y del conocimiento del Hijo de Dios, a un varón perfecto, a la medida de la estatura de la plenitud de Cristo" (Efesios 4:13).**

Debemos comenzar este proceso de unificar nuestra fe por tener pláticas abiertas a nivel local, regional y nacional, un fórum donde todos podemos sentarnos y presentar nuestras creencias sin el temor de ser rechazados ni aislados por lo que creemos y como lo creemos. Segundo, debemos venir a esta mesa dispuestos a cambiar y con humildad abandonar doctrinas erróneas y aceptar la verdad sin reserva.

La Iglesia necesita saber la verdad acerca del advenimiento de Cristo. ¿Por cuánto tiempo continuaremos caminando con la multiplicidad escatológica que divide la Iglesia en segmentos doctrinales? ¿Cuándo vendrá Cristo? ¿Vendrá antes de la tribulación, en medio de la tribulación o después de la tribulación? ¿Habrá un rapto o una segunda venida? La Iglesia necesita saberlo pero, más importante, necesitamos platicar de eso con la madurez de no rechazar a los que piensan de una manera distinta que nosotros, y estar dispuestos a cambiar si se encuentra que nosotros estamos equivocados.

¿Por cuánto tiempo estaremos divididos sobre el bautismo en agua o el hablar en lenguas como la evidencia original del bautismo del Espíritu Santo? ¿El diablo existe o Cristo lo extinguió en el Calvario? ¿Deberíamos aceptar el calvinismo o la doctrina armenia? La Iglesia necesita saberlo.

Quedarnos callados acerca de lo que realmente creemos en el corazón hace un gran daño a la Iglesia porque marginamos a los que presumimos que tienen otra creencia, y aceptamos a los que creen igual que nosotros, sin realmente saber que es lo que creen. Hay que platicarlo.

Muchas veces Jesús entraba en las sinagogas de los judíos para predicar el Evangelio del Reino. Él sabía que entraba en un lugar de conflicto, y nunca dejó pasar una oportunidad de platicar e impartir la verdad que estaba en Él y exponer la futilidad de sus tradiciones y la falta de fundamento en sus creencias. Los fariseos, los saduceos y los discípulos de Juan no podían con Él, pues El mismo era la verdad.

A medida que nos asociamos con Cristo en la edificación de Su Iglesia, hay que hacer un compromiso personal de conocer la verdad de la Palabra de Dios. Nunca podremos proteger la Iglesia del error si no estamos fundados en la verdad. Fácilmente podemos ser como el siervo que, por causa de su falta de conocimiento, envenenó el potaje con una calabaza venenosa dada por el joven profeta, y así podemos causar gran daño a la novia, la cual fuimos llamados a equipar y proteger.

# Nuestro Reto

Es mi opinión que el mayor problema que tenemos en la edificación y formación de la Iglesia es que su diseño es perfecto, Cristo Jesús el maestro de la obra es perfecto, pero nosotros los colaboradores somos imperfectos y a veces incapaces de frenar nuestra concupiscencia e nuestros impulsos humanos frente a la vulnerabilidad de la Iglesia y la novia de Jesús.

No es en balde que en tiempos pasados los hombres que eran elegidos para servirles a las reinas tenían que ser castrados y convertidos en eunucos para garantizar que no intentaran usar la reina para satisfacer sus deseos. Todo el servicio tenía que ser a favor de ella. Pienso que esa drástica medida pudiera servir para guiar la motivación del ministerio del tiempo presente.

La lección que aprendí en mi juventud es que hay ministros cuyo amor al dinero es tan grande que los ciega y les roba la habilidad de poder edificar la iglesia libre de intereses personales. Eso me hizo entender que tal vez nuestro énfasis no es proteger la iglesia de lo que pueda hacer el diablo, más bien debemos protegerla de nosotros mismos.

Eso es posible si constantemente cuestionamos la motivación de nuestros corazones, así asegurando que nuestros planes e impulsos no nacen de una plataforma carnal, que persigue el fin de proyectar nuestras ideas y satisfacer nuestro ego, sino que estemos siendo guiados por una impresión divina depositada en nuestros corazones por el Espíritu Santo.

Necesitamos ministros competentes con la revelación del diseño de Dios para su iglesia. Tamar fue abusada porque los hombres que llegaron a su vida no podían ver que Dios quería injertarla a ella en la línea mesiánica. La falta de revelación de los diseños divinos en la vida de estos hombres en referencia a Tamar causó que abusaran de ella sin la intención de lanzarla a los propósitos divinos. Donde hay ignorancia, el abuso es inevitable.

Necesitamos padres espirituales inequívocos en su función de equipar, disciplinar y de proveer la guianza y las herramientas para desarrollar a los hijos, convirtiéndolos en hombres y mujeres de carácter, carácter que se convierte en la plataforma donde se planta su carisma, y decir "no" a lo contrario. Cancelemos de una vez la epidemia de hijos inmaduros porque tuvieron supuestos padres que se lucraron de ellos sin la intención de desarrollarlos.

De igual manera necesitamos hijos que se dejen equipar, hijos que se dejen corregir, hijos que no rompen la relación con su padre espiritual cuando éste intenta moldear su carácter. Necesitamos hijos que no correrán a los orfanatos espirituales de hoy donde hay un padrastro que le recibirá en su rebano, aplaudiendo su carisma e ignorando su carácter solo al costo de una ofrenda.

Tenemos que celebrar la reforma apostólica que ha provisto una plataforma para la función del Profeta. La iglesia se enriquece cuando abre su puerta y su corazón al ministerio quíntuple, y ahora se añade al equipo los que por tanto tiempo (ya sea por ignorancia o por conveniencia) faltaban, el apóstol y el profeta.

Pero, roguemos a Dios que aquellos que operan en esta vital función operen al nivel que demanda ese ministerio. Que estos sean marcados porque revelan la voluntad de Dios para una persona o nación, presente, pasado y futuro, y que con claridad puedan descifrarle a la iglesia el diseño de Dios para Su Iglesia en este tiempo, proveyendo estrategias divinas para el avance y el establecimiento del Reino de Dios.

Vayamos más allá que llamar profeta a uno que usa esta santa función para manipular las multitudes para obtener resultados premeditados, mayormente financieros. Tengamos el valor de elevar el ministerio profético más allá de simplemente adivinar nombres, y restaurémosle la autoridad de traer corrección, instrucción y dirección que movilice a la Iglesia con estrategias claras al cumplimiento de la gran comisión.

Tenemos que reformar los métodos de recaudar ofrendas. Ya no podemos seguir ignorando los trucos, mentiras y medidas manipulativas que se están usando hoy para sacarles el dinero del bolsillo de las personas. Repito que no hay principio más claro en Las Escrituras que los principios que establecen como ofrendarle a Dios.

Estas reglas establecen que todo lo que se le trae a Dios debe honrarle, traído voluntariamente sin manipulación, como la persona lo propuso en su corazón. Podemos comenzar esta reforma enseñándole a la iglesia estos principios pacientemente, consistentemente y repetitivamente, hasta que el más simple lo entienda, y luego sometámonos a lo que ensenamos, resistiendo la tentación de manipular las emociones del pueblo, así restaurando el gozo de ofrendarle a Dios, y desatando la bendición que sigue al dador alegre.

Restauremos la honra. Esta generación tiene que aprender a honrar a aquellos que merecen la honra. No podemos permitir que se repita la triste historia que un profeta no tenga honra en su propia tierra y en su casa. Esa escritura es verdad pero no sugestiva; nosotros no tenemos que repetir en nuestros días la deshonra que enfrentaron Jesús y los profetas.

No podemos decir que nuestras congregaciones son una expresión del Reino de Dios si no estamos practicando el principio de apreciar al hombre o la mujer que Dios ha puesto en la congregación para bendecir tu vida. Nunca olvide que la unción que honras es la unción que recibirás, pero lo opuesto también es verdad — la unción que deshonra le hará falta algún día.

Comience hoy a ver a su pastor como un regalo que Dios formó en la eternidad para bendecir tu vida. Fue Dios quien le conectó a ese hombre o mujer. Hónrelos — ellos tienen las llaves para desatar tu destino. Sea usted el pionero que extirpará la deshonra y la falta de respeto a la unción que le cubre, le capacita y le lanza a otras dimensiones. Dele, comience hoy.

Finalmente tenemos que confrontar y corregir las falsas enseñanzas. Las personas que comparten enseñanzas erradas, en su mayoría son personas con buenas intenciones que verdaderamente aman y desean edificar al pueblo de Dios, pero como el joven que echó las calabazas silvestres en la olla, a veces depositan lo que le parece ser verdad en la vida de creyentes que confían en el maestro sin verificar sus enseñanzas.

Para traer balance a este tema es importante que admitamos que ninguno de nosotros tiene toda la verdad. La sabiduría se encuentra en la multitud de consejeros. Lo que me atrae la atención es que aunque vemos y escuchamos todas la enseñanzas raras que se están compartiendo en este tiempo bajo la sombrilla de la "Nueva Revelación", no estamos dialogando ni confrontando al maestro, ni a sus enseñanzas.

Una de las metas que persigue la reforma apostólica es la unidad de la fe. Se nos hará difícil alcanzar esa unidad a menos que primero alcancemos la unidad de nuestra doctrina. No es que lo digamos de la misma forma, es que como los creyentes de Berea **(Hechos 17: 11)** escudriñemos

Las Escrituras para ver si estas enseñanzas están ancladas en el fundamento de la Palabra de Dios para entonces hablar una misma cosa.

Nuestro amor por el Cuerpo de Cristo tiene que ser más grande que nuestras creencias. Seamos responsables y sometamos nuestras creencias el uno al otro para que sean juzgadas y verificadas antes de traerlas al pueblo. Es más fácil ser corregido en círculos íntimos donde prevalecen la humildad y el amor, que tener que sanar a todo un pueblo que comió el veneno que irresponsablemente se les sirvió. ¿A caso no es esta la función de los apóstoles?

Oh Dios, danos pasión por Ti, el amor genuino por Tu pueblo, la revelación de lo que Tú estás edificando, y la humildad para admitir que solo Contigo lo podemos lograr. AMEN.

CPSIA information can be obtained at www.ICGtesting.com
Printed in the USA
BVOW07s0747120813

328286BV00001B/2/P

9 781626 978270